Dedicación

Este libro está dedicado a Sherry Montgomery, fundadora de A Home 4 Ever Rescue en Costa Mesa, California. El corazón de Sherry es diez veces más grande que el de una persona normal, y su inquebrantable dedicación a salvar tantos perros como sea posible es una fuente de inspiración. Su compasión y compromiso son un faro de esperanza para innumerables animales necesitados.

A Home 4 Ever Rescue opera completamente con la ayuda de voluntarios y es una organización benéfica registrada bajo el estatus 501(c)(3). Dependemos de la generosidad de personas de buen corazón para continuar nuestra misión de rescatar perros.
Es gracias a los esfuerzos desinteresados de personas como Sherry y al apoyo de nuestra comunidad que podemos marcar la diferencia en las vidas de estas maravillosas criaturas.

También extiendo mi más profundo agradecimiento a Greenleaf Publishers LLC, quienes no solo me han alentado y apoyado durante la creación de este libro, sino que también son responsables de llevarlo a su publicación. Su confianza en mi trabajo ha sido invaluable, y estoy profundamente agradecido por su colaboración.

A todos los que han contribuido a este viaje, les agradezco desde el fondo de mi corazón. Su dedicación, apoyo y generosidad han hecho posible este libro.

Agradecimientos

Quiero expresar mi más sincera gratitud a Michael, cuyo humor y creatividad llenaron mi vida de alegría e inspiración. Sus encantadoras imitaciones de mis perros y su ingeniosa interpretación de lo que podrían decir si pudieran hablar nunca dejaron de hacerme reír. El apoyo y el ánimo de Michael fueron fundamentales en mi camino para completar este libro.

Durante el proceso de escribir y perfeccionar las historias de One-Eye-Willy, la confianza de Michael en mi capacidad y sus valiosas lecciones de vida me mantuvieron motivada. Su insistencia en que nunca renunciara a compartir estas historias dejó una marca imborrable en este proyecto. Aunque nuestros caminos se han separado desde entonces, su influencia y las risas que compartimos siguen resonando en mí y han desempeñado un papel crucial en la finalización de este libro.

Michael, tu presencia puede que ya no sea parte de mi vida diaria, pero tu impacto permanece. Gracias por ser una fuente de inspiración y por ayudarme a dar vida a este libro.

Introduction

Mi nombre es Willy el Tuerto. Vivo en una acogedora casa en Huntington Beach con mis dos hermanos, Titan y King Tut. Los tres nos queremos mucho y siempre estamos jugando. Y ¿adivinen qué? Yo solo tengo un ojo, pero esa es una historia para otro capítulo.

¡Tenemos la mejor mamá del mundo! Ella trabaja en la ciudad en una empresa de abogados y a veces los clientes vienen a nuestra casa. Pero su trabajo principal es ser una mamá increíble. Se asegura de que siempre tengamos comida, camas acogedoras y juguetes divertidos. Vamos al parque cada dos días, y me encanta viajar en el coche con la ventana abierta, aunque a mamá no siempre le gusta. A veces, paramos en la tienda de juguetes de camino a casa porque mi hermano Titan siempre rompe sus juguetes. Pero mamá siempre se las arregla para cuidar de todo y ser una súper mamá.

Titan y yo somos como gemelos, casi de la misma edad. Nos encanta explorar, jugar y compartir nuestros sentimientos. King Tut es mayor y actúa como todo un adulto. A veces nos regaña por ser demasiado ruidosos o juguetones, pero sabemos que nos quiere y nos protege.

Solo tengo un ojo que funciona, pero está bien. Todavía me divierto con mis amigos, aunque no vea perfectamente. Una vez fuimos al parque con mamá, pero el clima se puso tormentoso. Me asusté mucho con los truenos y la lluvia. Me escondí debajo del coche hasta que mamá me dijo que estaba a salvo. Ella siempre sabe cómo mejorar las cosas.

DOG

De vuelta en casa, Titan y King Tut querían saber por qué me asusté tanto. King Tut habló sobre cómo los malos recuerdos pueden sentirse como fantasmas que nos persiguen hasta que los enfrentamos. Me hizo sentido.

En la cena, sentí que necesitaba hablar sobre mi mal recuerdo. Titan y King Tut escucharon y prometieron ayudarme a sentirme mejor.

King Tut preguntó: "¿Qué quieres decir, Willy?"

"Sentí como si algo malo fuera a pasar, pero no podía explicarlo", respondí, sintiéndome inseguro.

Titan dijo: "Estamos aquí para ayudarte, Willy. Puedes contarnos cualquier cosa."

Con su apoyo, compartí la historia de cómo obtuve mi nombre y encontré mi hogar para siempre. Ellos escucharon en silencio y sentí alivio sabiendo que les importaba mi historia.

A Home 4
Ever Rescue.

El Refugio Esperanza es donde comienza mi historia, justo fuera de Santa Ana. En aquel entonces, tenía una madre y hermanos diferentes. Tenía un hermano llamado Buster y una hermana llamada Lily. Buster era muy parecido a Titan. Yo era un poco más joven que él.

Todo el día, Buster podía seguir mi energía. Éramos tan llenos de vida que la gente nos llamaba "el par dinámico" del refugio. Planeábamos juegos y otras cosas divertidas para hacer la difícil situación más llevadera.

A Lily le gustaba estar con nuestra Mamá la mayor parte del tiempo. En el refugio, jugábamos todo el día en nuestro parque casero. Mamá nos visitaba a menudo, haciéndonos sentir seguros. Nos hicimos cercanos, divirtiéndonos juntos todos los días, corriendo y jugando. Con el tiempo, más niños llegaron al refugio, haciéndolo más animado.

Un día, mientras Buster y yo jugábamos, Mamá nos llamó a cenar. Estábamos súper hambrientos y emocionados por una comida deliciosa. Durante la comida, Mamá y Lily fueron a otra habitación. Cuando regresaron, Lily no siguió a Mamá, lo cual me preocupó. Mamá me dijo que Lily se fue a su "hogar para siempre" para jugar con una nueva familia que la amaría y cuidaría. No entendí lo que eso significaba. Le pregunté a Buster, pero él solo dijo: "Pronto lo sabrás".

Extrañé mucho a Lily después de que se fue. Seguir jugando con Buster todavía era divertido, pero algo se sentía triste sin ella. Mamá trabajó duro para cuidarnos y encontrar familias para otros niños en el refugio. Me di cuenta de que la partida de Lily no fue un adiós; fue una oportunidad para que ella tuviera una vida feliz con una nueva familia. Esperaba que ella regresara algún día con historias sobre sus aventuras. La idea de un "hogar para siempre" sonaba emocionante, y esperaba con ansias que Lily regresara algún día

ADOPT a PET
Willy
Buster

Lily nunca regresó, y todavía la extrañaba mucho. Una tarde, me senté en un rincón sintiéndome triste, y Buster vino con su pelota. Intentó consolarme, diciendo que Lily encontró una familia que la necesitaba, al igual que Mamá me encontró a mí y me trajo al refugio. Estaba confundido, así que Buster me contó una historia.

Dijo que Mamá me encontró cuando era muy joven cerca de la ciudad y me llevó al refugio. Al principio, yo era tímido, pero Mamá cuidó de mí. Explicó que refugios como el nuestro ayudan temporalmente a las personas y les encuentran familias que puedan darles una buena vida. Así como Lily lo hizo, yo también podría encontrar una familia y dejar el refugio algún día.

Las palabras de Buster me hicieron sentir mejor, y me di cuenta de que dejar el refugio podría ser algo bueno. Con esperanza en mi corazón, esperaba encontrar mi propio "hogar para siempre" algún día.

ADOPT
a
PET
Willy

Después de algunas semanas, Buster también encontró un nuevo hogar y fue adoptado. Antes de irse para siempre, corrió hacia mí y me pidió que cuidara sus juguetes. "No lo sé, Buster; quiero ir contigo para que podamos jugar para siempre", dije. Pero Buster me aseguró que encontraría un hogar en Santa Ana, al igual que él lo hizo. Sus palabras se quedaron conmigo, dándome esperanza para encontrar mi propio hogar para siempre.

Cuando Buster se fue, me sentí triste pero también emocionado por la oportunidad de encontrar una familia. El refugio se sintió más tranquilo sin sus ladridos alegres, pero lo recordamos a través de los juguetes que dejó. Me aseguré de cuidar sus juguetes y compartirlos con nuevos amigos, manteniendo viva su memoria.

Mamá trabajó duro para encontrar hogares para nosotros, y yo tenía esperanzas pero también nervios cada día. Cuando una familia amable nos visitaba, esperaba que fueran mi familia para siempre. Pero cuando no me elegían, me sentía decepcionado y solo. Pasaron días sin que una familia me eligiera, y empecé a dudar de mí mismo.

¿Por qué no soy suficientemente bueno para un Hogar para Siempre?

Después de que Buster se fue, todo en el refugio se sintió tranquilo. Mamá dejó de esforzarse tanto por encontrarme una familia. Mi esperanza empezó a desvanecerse, pero no quería rendirme. Creía que mi hogar para siempre todavía me estaba esperando ahí fuera. Cada día, el refugio parecía más vacío y Mamá lucía preocupada.

Así que una noche, decidí aventurarme. Salí sigilosamente del refugio cuando oscureció. La ciudad olía diferente, ¡y sus luces eran tan brillantes! Santa Ana estaba llena de edificios altos, y el cielo nocturno parecía una pintura colorida. ¡Sentía que podía hacer cualquier cosa!

Mientras caminaba por las calles de la ciudad, veía a la gente correr a mi alrededor, con los rostros llenos de preocupación. Intenté pedir ayuda, pero solo me apartaban, diciendo que estaban demasiado ocupados.

"Oye, ¿puedes ayudarme a encontrar un lugar seguro?" le pregunté a un hombre, pero él siguió apresurado, ni siquiera mirándome.

BAKLAVA

El viento comenzó a soplar más fuerte y el cielo se oscureció. El trueno retumbó y comenzaron a caer grandes gotas de lluvia. Me sentí asustado y solo. "¡Mamá!" grité, pero ella no estaba ahí. Necesitaba encontrar refugio rápidamente.

Vi una caja de cartón junto al camino. Parecía que podría mantenerme seco, así que me metí dentro. Pero la lluvia comenzó a filtrarse y pronto me estaba mojando. "Esto no está funcionando", pensé para mí mismo.

Vi un coche estacionado cerca y me apresuré a meterme debajo, esperando que me protegiera de la lluvia. Pero el agua empezó a gotear por abajo y supe que tenía que seguir moviéndome.

Finalmente, vi un callejón cubierto más adelante. Corrí hacia él lo más rápido que pude, tratando de escapar de la lluvia. Cuando llegué al lugar seco bajo el balcón, solté un suspiro de alivio. "Lo logré", susurré para mí mismo.

Taco Truck
SNIFF

Mientras caminaba por la acera, mi estómago gruñó ruidosamente. Era un sonido familiar, uno que generalmente significaba que era hora de la cena en el refugio. Pero ahora, estaba aquí afuera por mi cuenta, y no tenía a Mamá para alimentarme. Traté de ignorar el hambre, pero seguía atormentándome como una picazón persistente que no podía rascar.

Basura y bolsas de plástico flotaban a mi alrededor, pero no había señales de comida por ningún lado. Aun así, seguí caminando, con la esperanza de encontrar algo para comer. De repente, un nuevo olor llenó el aire. Era el olor de algo delicioso cocinándose, y me hizo agua la boca.

Seguí mi nariz hasta que vi un carrito de comida al otro lado de la calle. Estaba rodeado de personas, pero no me importó. Todo en lo que podía pensar era en conseguir algo para comer. Sin detenerme a pensar, crucé la calle corriendo hacia el carrito.

Continué mi camino, y otro estruendo llenó el aire, pero esta vez no provenía de mi estómago. Era el sonido del trueno, y me hizo pensar en Mamá. Cuando llovía en el refugio, Mamá entraba en nuestra habitación para consolarnos. Buster y yo nos acurrucábamos bajo una manta, pero Lily no le temía a las tormentas. Mamá siempre decía: "Una buena cosa de las tormentas es que nunca duran para siempre, así que no te preocupes". Nunca entendí realmente lo que quería decir con eso hasta ahora.

Mientras caminaba, no podía sacudirme la sensación de que las nubes arriba me estaban observando, casi como si estuvieran preguntándose por qué no me detuve cuando el dueño del carrito de comida me lo dijo. Me imaginé que hablaban entre ellas, una nube enojada con la otra por no escucharlo. Era como si estuvieran discutiendo sobre mí, y eso me hizo sentir un poco inquieto.

"Oh, por cierto, ¿les dije alguna vez que soy un perro mestizo?" Exclamé de repente, tratando de aligerar el ambiente. Pero Titan y King Tut solo me miraron en blanco.

"¡ESTO NO ES IMPORTANTE AHORA, WILLY!" Titan exclamó, sus orejas se levantaron con molestia.

"Él solo está tratando de agregar algo de drama a la historia", añadió King Tut, lamiendo su pata con casualidad.

"Está bien, está bien, volveré a la historia", dije, sintiéndome un poco avergonzado. "Aunque ustedes dos parecen estar muy interesados".

"¡CONTINÚA, POR FAVOR!" Titan insistió con entusiasmo, y no pude evitar menear un poco la cola mientras me volvía a acomodar para seguir contando mi historia.

Cuando abrí los ojos, me encontré rodeado por una multitud de personas, todas alborotadas a mi alrededor. Sus voces se mezclaban con el claxon de los autos y el sonido de alguien gritando a lo lejos. Me sentí desorientado, como si todo fuera más pequeño y más difícil de ver. Al intentar moverme, me di cuenta de que no podía. Un dolor agudo atravesó mi cuerpo, y luché por levantar la cabeza. Mirando detrás de mí, vi una pared brillante y brillante. Y entonces me golpeó: me habían atropellado.

Mientras yacía allí, mirando fijamente las nubes, los recuerdos de las palabras reconfortantes de Mamá durante las tormentas inundaron mi mente. Ella siempre decía que las tormentas no duran para siempre, y su toque me aseguraba que incluso en el caos, hay paz. Pero ahora, tumbado roto en el suelo, no podía encontrar esa paz. La multitud a mi alrededor zumbaba con ruido, algunos tomaban fotos mientras otros intentaban ayudar. El cocinero del carrito de comida estaba a mi lado, con los ojos llenos de preocupación y simpatía.

Intenté ponerme de pie, pero el dolor era demasiado. Cada toque me parecía un ataque, y grité de miedo y frustración. En medio del caos, una voz suave se abrió paso a través del ruido. "Apartense, dejenme ver", dijo la mujer. Su voz sonaba familiar, como la de Mamá, pero no era ella. Se arrodilló a mi lado, cuidando mis heridas con manos suaves.

Mientras me vendaba, su presencia calmante alivió mi miedo. Me aseguró que todo estaría bien, y por un momento, la creí. Cuando terminó, la multitud se dispersó, dejándome solo con esta extraña que había venido en mi ayuda. Sus ojos suaves se encontraron con los míos, ofreciendo consuelo y tranquilidad. Cerré los ojos, sintiéndome seguro.

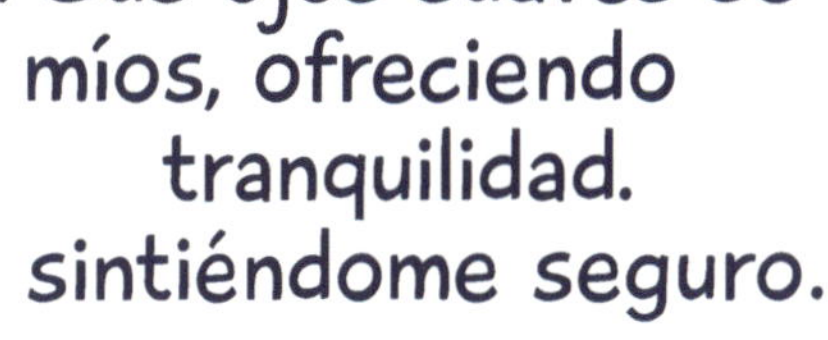

Capítulo 4 Intermedio

Le digo a Titan y a King Tut: "Ahora saben por qué tengo miedo de las tormentas. Y por si se lo estaban preguntando, me lastimé el ojo en el accidente de carro. Mientras me detengo y camino hacia mi cama, escucho un sonido suave con tono nublado. 'Oh, no terminaste tu historia', dice King Tut asintiendo con la cabeza como un niño. 'Sí, aún no nos has contado cómo llegaste aquí', agrega. Sonrío y digo: 'Ustedes querían saber por qué le tenía miedo a la tormenta. Ahora lo saben. La lluvia en Santa Ana me quitó la atención de mí. Eso me viene a la mente cada vez que veo o siento una tormenta de cerca'. 'Lo sé, pero aún no has terminado la historia', dice Titan en voz alta.

'Estoy de acuerdo, no puedes dejarnos en suspenso así', dice King Tut luego. Sus ojos se iluminan cuando sostengo sus correas. Luego me río y digo: 'Estaba bromeando. Sí, les contaré toda la historia'. Esto los hace sonreír y mover las colas más rápido.

Pero Mamá entra apresuradamente por la puerta. ¡Es tarde por la noche y no está feliz! Ella regaña a los tres por hacer ruido y no estar dormidos. "¡King Tut! ¡Titan! ¡Willy! ¡Es tarde! Deberían estar dormidos ya", dice Mamá. King Tut y Titan rápidamente corren hacia el lado de la cama, fingiendo estar dormidos. Yo solo miro con un ojo a Mamá, mi cola golpeando suavemente el suelo.

Mamá no puede evitar reírse de sus travesuras. Les acaricia suavemente la cabeza a cada uno antes de pasar a solo llamarlos y darles palmaditas en la barriga. "Está bien, hora de dormir los tres", dice Mamá, ahora con un tono más suave. "Hora de dormir". Uno por uno, todos reciben el afecto de Mamá hasta que finalmente se acuestan y se quedan dormidos, cómodos y contentos, olvidándose completamente de la historia.

"¿Cuándo se despertará?"
"Cuando él quiera, no lo molestes."
"Pero quiero escuchar el resto de la historia".
"Deja de molestarlo ahora."
Titan y King Tut no pueden dejar de hablar entre ellos. Yo estaba despierto y podía escucharlos aunque tuviera los ojos cerrados. Titan seguía diciéndome que quería que terminara la historia, mientras que King Tut trataba de calmarlo diciéndole que tuviera paciencia.
"Willy, ¡despierta!", la voz de Titan me sacó del sueño. Abrí los ojos adormilado.
"Buenos días, todos. ¿Cuánto tiempo han estado esperando?"
"¡Estás despierto, Willy!", exclamó Titan, dando saltos.
"Solo cinco minutos", respondió King Tut tranquilamente.
"¡Estamos emocionados por hoy!"
Me reí y me levanté de la cama, uniéndome a ellos mientras nos dirigíamos al patio delantero. Charcos cubrían el suelo debido a la lluvia de la noche anterior. Titan correteaba, saltando en la hierba.

"¡Vamos, Willy! ¡Únete a mí!", llamó Titan emocionado.
Pero King Tut me detuvo. "Si tú también saltas, te cansarás.
Luego no podrás terminar tu historia".
Nos reunimos para comer y Titan se disculpó. "Me dejé
llevar".
"No necesitas disculparte", le aseguré. "Tomémonos las cosas
con calma".
"Sí, ¡queremos escucharlo todo!" añadió King Tut emocionado.
Me reí. "Cálmense, chicos. ¿Pero qué les emocionó tanto?"
"¡Solo queremos saber qué pasó después de que la furgoneta
te llevó!" exclamó Titan.
"Estamos todos juntos en esto", asintió King Tut.
La emoción llenó el aire mientras nos tranquilizábamos.
Comencé a contarles lo que sucedió después del accidente, y
ellos escucharon atentamente, listos para la aventura que les
esperaba.

A HOME 4 EVER RESCUE
OPEN

Capítulo 5 Controlando Animales

Parpadeé al salir de la furgoneta, la repentina inundación de luz me hizo entrecerrar los ojos. Mi ojo derecho estaba cubierto con un gran vendaje, lo que hacía que todo se viera borroso y difuso. Sentía como si hubiera un muro entre el mundo y yo.

Pero a medida que mis ojos se ajustaban, vi dónde estaba. Era un lugar nuevo, diferente de los lugares seguros que conocía. En lugar de sentirme acogedor, este edificio tenía un ambiente empresarial. El letrero encima decía "Centro de Rescate Un Hogar Para Siempre".

Recordé haber escuchado sobre esto de mi mamá. Ella hablaba de él con respeto y admiración, diciendo que era un lugar seguro para los perros necesitados. Le encantaba lo dedicado que era el personal.

En Costa Mesa. El nombre me trajo recuerdos. Mamá decía que era para personas que amaban a los perros y los protegerían.

Luego pensé en la dueña, alguien que ganó el amor de mamá. La describían como bondadosa y amorosa con los perros.

A pesar de estar perdido en este nuevo lugar, el Centro de Rescate Un Hogar Para Siempre me hizo sentir seguro. Tal vez era el bullicio de actividad en el interior o la luz del sol que entraba por las ventanas. Pero me envolvía como una manta cálida.

Cuando entré en el bullicioso centro de rescate, no podía creer cuántos perros había allí. Grandes, pequeños, peludos, todos estaban allí con sus colas moviéndose y sus ojos curiosos. Este lugar era diferente del refugio que yo conocía. Se sentía organizado y bien cuidado.

Había camas especiales para que las personas cansadas descansaran mientras visitaban a los perros. A dondequiera que mirara, había planificación cuidadosa y atención al detalle.

Una persona con bata blanca, que dijo que era veterinario, me revisó en busca de lesiones por el accidente. Afortunadamente, no estaba demasiado herido, solo mi ojo bajo el parche. El veterinario dijo que estaba sano.

Después de eso, me llevaron a una habitación donde vivían los otros perros. La habitación estaba llena de ladridos y juegos. Me recordó a los momentos divertidos que tuve con Buster de vuelta en el refugio. Pero aquí me sentía solo entre todas esas caras desconocidas.

Encontré un lugar tranquilo para recoger mis pensamientos. Todo me parecía abrumador, y necesitaba algo de paz en medio del caos. Por ahora, encontrar la calma era lo más importante.

A HOME 4 EVER RESCUE

Todos se volvieron para mirar a la mujer cuando entró en la habitación. La persona que la saludó la llamó "jefa", y ella dijo que la llamaran "Sherry". Hablaban con respeto y calidez. Sherry sonrió amablemente ante los chistes del hombre y lo llamó "Señor Jefe", mostrando que eran más que compañeros de trabajo. Cuando me miró, me sentí tranquilo y reconfortado por su amabilidad.

"Hola amigo, bienvenido al Centro de Rescate Un Hogar Para Siempre", dijo Sherry suavemente, extendiéndome los brazos para abrazarme. Su contacto era suave y reconfortante. Con Sherry cerca, me sentí en casa. Su personalidad amigable me hacía sentir seguro y relajado. Mientras acariciaba mi pelaje, dejé de lado cualquier miedo y estrés que tuviera. Durmiéndome en brazos de Sherry, sentí una chispa de esperanza por primera vez desde el accidente. Tal vez las cosas estarían bien después de todo.

Las colas de mis compañeros perros se agitaron emocionadas cuando Sherry se despidió y el hombre se fue. Olly, uno de ellos, se acercó a mí con una mano amistosa.

A HOME 4 EVER RESCUE

"Hola", dije con una sonrisa, y comenzamos a hablar. Le conté a Olly sobre el aterrador accidente de coche en el que estuve y cómo me hizo tener miedo de los peligros fuera de las paredes del refugio.

Olly preguntó por mis heridas y compartió historias de perros en el centro de rescate que habían sido heridos o abandonados. Me hizo darme cuenta de lo grande y aterradora que podía ser el mundo exterior.

Escuchar sus historias me hizo sentir incómodo. A dondequiera que miraras, había peligro, y cualquiera podría ser una amenaza.

Pero estar en el Centro de Rescate Un Hogar Para Siempre me dio esperanza. Estaba rodeado de perros que habían pasado por tiempos difíciles pero que encontraron amor y apoyo aquí.

Al leer sus historias, entendí algo importante. Todos éramos sobrevivientes, mostrando la fuerza del espíritu canino. Los voluntarios y las enfermeras del centro eran como luces en la oscuridad, dándonos esperanza para un futuro mejor.

Mirando a mis compañeros rescatados, supe que podríamos enfrentar cualquier cosa juntos. No estábamos solos.

No podía sacudir el miedo que giraba dentro de mí mientras compartíamos historias con Olly. El accidente de coche mostró lo peligroso que podía ser el mundo exterior. Pero todos en el Centro de Rescate Un Hogar Para Siempre eran amigables y acogedores.

Cada perro tenía una historia dura que contar, pero estábamos conectados por la esperanza. Todos vinimos aquí buscando ayuda cuando estábamos en apuros.

El personal nos cuidaba mucho, y las visitas de Sherry nos hacían sentir amados y recordados. Su cuidado me dio esperanza.

A medida que los días se convirtieron en semanas y meses, la rutina del centro de rescate me ayudó a sentirme seguro y estable. Los chequeos regulares aseguraban que estuviéramos sanos.

Pero mientras algunos de mis amigos encontraban hogares, yo seguía esperando. Verlos marcharse me hacía feliz y triste al mismo tiempo.

A medida que pasaban los días sin adopción, comencé a sentirme decepcionado. Pero me prometí a mí mismo no perder la esperanza, sabiendo que mis nuevos amigos y el personal siempre estarían allí para mí.

La atención de Sherry me hizo sentir seguro y cálido de una manera que nunca antes había sentido. Había una conexión especial entre nosotros que no necesitaba palabras. Ella entendía mis preocupaciones y me daba esperanza cuando las cosas parecían sombrías.

A HOME 4 E
ADOP
Willy

Sus visitas regulares me traían felicidad y tranquilidad. Con cada palabra amable, me recordaba que se preocupaba por mí. Su confianza y aliento me dieron fuerzas.
"Todo estará bien, amigo", decía ella, su tono lleno de pasión y confianza. Esas palabras se convirtieron en mi luz guía en tiempos difíciles.
Aunque mi ojo estaba cubierto con un vendaje, Sherry veía mi promesa y mi fuerza. Estaba agradecido de tenerla en mi vida. Su bondad me inspiró a enfrentar cada día con valentía.
A medida que se acercaba el evento de adopción, me sentía esperanzado y emocionado. Las noticias de Sherry sobre el evento cerca de Santa Ana me dieron un nuevo impulso de esperanza. Era mi oportunidad de encontrar mi hogar para siempre.
Sherry trabajó duro para prepararme para el gran día. No pude evitar sentirme feliz al pensar en encontrar mi propia familia, aunque un poco de miedo persistía en mi pecho.
A medida que salía el sol y el día se iluminaba, Sherry me colocó cuidadosamente en una jaula, la emoción burbujeando dentro de mí. Ella me levantó para que todos me vieran, mostrando su experiencia con facilidad. Entonces, con una sonrisa, me dio un nuevo nombre: "One-eyed Willy". Me sentí fuerte y decidido con este nombre, un recordatorio de que podía enfrentar cualquier cosa.

A HOME 4 EVER RESCUE
ADOPTION DAY

Durante todo el evento de adopción, Sherry estuvo a mi lado, esperando a que alguien amable me reconociera. Y fue entonces cuando conocí a Sonya, mi nueva madre. Sonya tenía el pelo negro largo y un corazón de oro. Tan pronto como la vi, ladré hasta que vino hacia mí. Me abrazó fuerte en sus brazos, y rápidamente nos volvimos inseparables. Sonya fue amable conmigo y me cuidó, sabiendo que Sherry tenía muchos otros perros a los que cuidar. Pronto aprendí que Sonya tenía otros dos perros, King Tut y Titan.

Al principio, no me gustaron ambos, para ser honesto. No me gustaba nadie que pasara tiempo con Sonya y recibiera su atención. Pero con el tiempo, aprendí a aceptarlos como mis hermanos. Sherry notó lo apegado que me había vuelto a Sonya. Cada vez que tenía que dejar el lado de Sonya y regresar a Sherry, lloraba hasta quedarme dormido. Solo quería estar con Sonya.

Durante el evento de adopción, ladré a Sonya, luego regresé a Sherry, pero no pude evitar llorar mientras ansiaba estar con Sonya. Quería estar a su lado todo el tiempo.

Sonya me llevaba a todas partes con ella, incluso al trabajo. Me escondía en los cajones de su escritorio, y si no podía ver a Sonya, me asustaba y lloraba hasta encontrarla. Tenía problemas de abandono y era ferozmente leal a Sonya.

A pesar de mi pequeño tamaño, me convertí en parte de la familia de Sonya. Incluso usaba disfraces para Halloween, como un loro pirata posado en sus hombros.

El hijo de Sonya vivía con ella mientras estaba en la universidad, y me convertí en su pequeño compañero también. Pero mi corazón pertenecía a Sonya, y nunca quería estar lejos de ella.

Sonya me adoptó oficialmente, y me convertí en su compañero constante, incluso escondiéndome en su bolso cuando salíamos. Era su pequeño perro leal, siempre a su lado.

www.ingramcontent.com/pod-product-compliance
Lightning Source LLC
Chambersburg PA
CBHW042049110726
48006CB00002B/347